EDITOR
Renato Rezende

PROJETO GRÁFICO
Tiago Gonçalves

CONSULTORIA
Cláudio Monjope

DADOS INTERNACIONAIS DE CATALOGAÇÃO NA PUBLICAÇÃO (CIP)
(CÂMARA BRASILEIRA DO LIVRO - SP, BRASIL)

Zarvos, Guilherme
    O olho do lince
    1ª ed. - Rio de Janeiro: Editora Circuito, 2015
    ISBN:978-8564-02-266-9
    1. Poesia 2. Poesia brasileira 3. Título
    11-00375   CDD-869.91

Índices para catálogo sistemático
1. Poesia; poesia brasileira

Copyright © 2015 Guilherme Zarvos

Sumário

- **5** Apresentação
- **9** Escritos de Garranchos
- **33** Trib(r)uto a Ericson Pires
- **57** Cartoneira
- **81** O olho do lince
- **96** Retratos

para Katerina Dimitrova e Jarbas Lopes

APRESENTAÇÃO

Roberto Corrêa dos Santos

Um corpo, o corpo-Zarvos, retirou-se para dentro do corpo-Maricá (mata, bicho, casa feita com a mão): e, quando um corpo entra em um outro corpo, de algum modo sai tal corpo de seu corpo "próprio"; sem o corpo "próprio", sem selos de identidade, o corpo (nesse estado: sem o corpo "próprio") faz com que – para ampliar seu fôlego, o fôlego dele, do corpo (do corpo nesse estado: sem o corpo "próprio") – surjam istos, istos postos nas páginas conforme modos e disposições provenientes da matéria dos tracejamentos: pequenos traços, uns adiante dos outros, abaixo, ao lado, acima; alusões elípticas, planos, manchas, fórmulas, cifras, números, e nomes.

Poemas por toda parte (o papel, a imagem, a letra, o ato-desenho); neles, um arcaísmo maciço – poemas-inscrições, um livro e suas cavernas anteriores. Frases curtas, amplas e gráficas: mesmo a escrita fonética, grafismos: com o susto alegre da cor alegre.

Criança nenhuma teria a alma que artes assim exigem: foi preciso amar, amar e maturar: insistir: firmemente insistir. Crianças não conhecem o antes-da-criança. Zarvos sim; Zarvos domina esse solo de que seus poemas partem.

E há a palavra coletivo – sua ocorrência aqui opera; o coletivo-motor: um viver com e com.

Audácia. Zonzeira. Repertório.

De amor está repleto o livro.

O amor tem setas: Daniel, Botika, Luis Andrade, Camila, Sergio, Miguel, P. Rocha, Jarbas Lopes, um outro P. no gracioso ilegível, e por certo mais.

E o nome dele, ressoando: "Ericson" ["vida, "mio"]: o blue, sim o blue – "Ericson Pires partiu".

Presentes para. Presentes para. Presentes para. Presentes para. Presentes para. Presentes.

Pelo livro, as letras E, r, i, c.

"LOVE". "WEST". "FIM".

"I HOPE".

O esforço, a leveza, a natureza das linhas, a referência a livro já feito e retornado, o Brasil, o FEBEAPÁ, o vermelho, o negro, o amarelo, o laranja, grafites, e risonhos seres.

*

"ERIC ousou".

"Beijo e saudade".

*

Com ouro nas bordas, a sentença diz: "está(.)acontecendo(!)(?)". No livro-sentença (o viver irrevogável), quem chamado atende.

Atender, eis o método para quase se alcançar, é difícil, *O olho do lince*. O bicho, o lince, dirige-se a. Olha-nos. O bicho, o lince, sabe rir. Brinca. Faz.

Tento agarrar por segundos os poemas de Guilherme Zarvos: são maravilhosos, ah, são maravilhosos: escapam. Nenhum poeta outro fez, por essas terras várias do mundo, semelhantes poemas: os poemas, ah os poemas seus, Zarvos, ultrapassam a língua verbal nossa e viram a coisa da coisa exposta, e somente muita cegueira plástica não permitiria ver aqui a vida extrema extremando-se com incomum pujança brutal e lírica, uma felicidade com dor-sem-dor, festas, e a constatação: "4 anos que Ér já foi", ai: a contagem dos anos e do ir: com o estilete das pilots! Na carne da obra, saibamos: o bravo amor declarado fez-se.

Vem Hoje?
admirado
6
Ericsommm
VIDA

Mio

90
nemsabido
FEBEAPÁ

anda

2013

Escritos de Garranchos

para Sergio Cohn

P.1 o capitolano Já era.

2013

para Janaina, Ana e Cauê Lopes

SONHO

A.M.W.

cremoso foi o dia azul
Que Colibri Nha
 D R I.
e o Portanto sopor Ser

G ≠ ris foi
IN'S
me LIBÉLULA
Lr

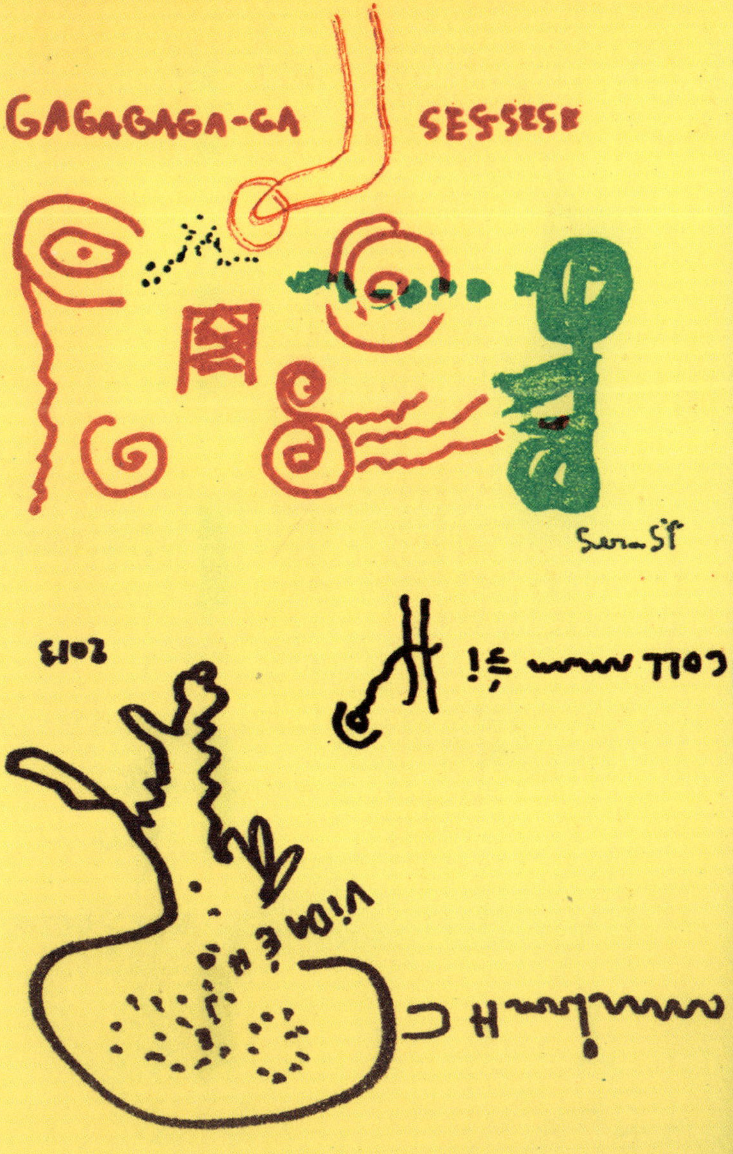

OLÁ NO WAY

Menino
Branco com
~~olhos~~
Vindo branco menem

E na laranja manhã
Xingei de perto pela
Flauta, dois jovens e
Duas menininhas, mas
A quase mulher
Dançando na preparação de
Guarani por Pérez Ribe

Erich

ɸ Parapapú é esto?

— CARA, tal, na frente país tria e q_b^z :

— Há $q_v = 8 L_a^o$ ≡ !

Comm   Fusion

Ao som das pino Donto Danno Dont Dol

UnD

chouchó

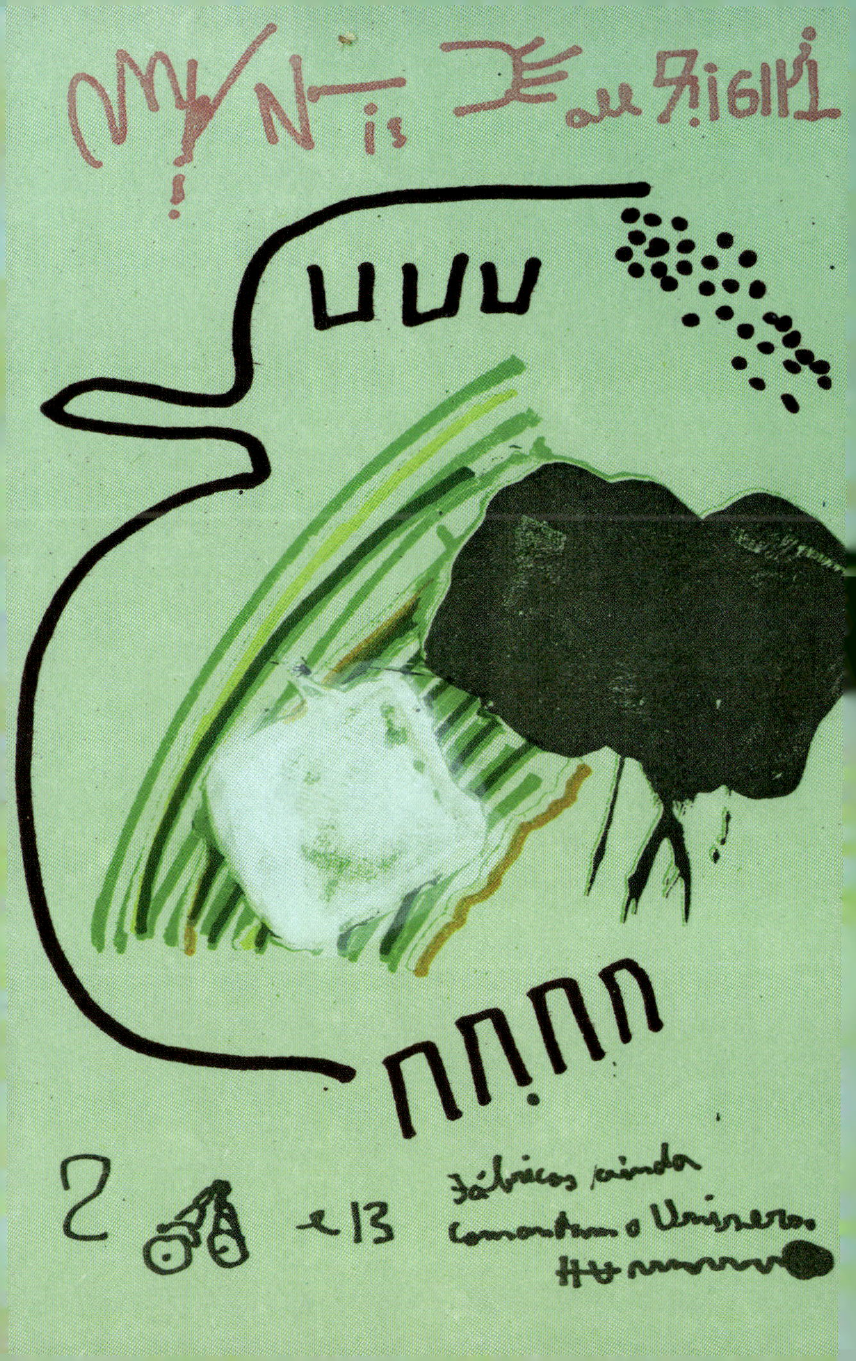
2
e 13
Fábricas ainda

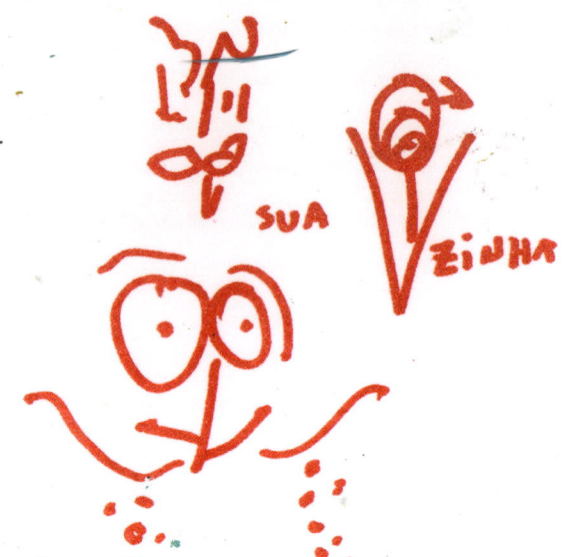

Ü pode dormir por causa da—
—INFELIZMENTE MEU ou Seu

2013

OLHAR DE LINCE

GUILHERME ZARVOS
Sem Titulo

Este li-li-vro, o segundo nessa linha para ele que escreveu Morrer,
entre outros, agora colorido para o saber ler…como pingueletra,
sendo que na poesia de garrancho assim fala a garatuja…
não vai ser classificado…NÃO VAI.
Elaboreado e impresso na Kadê Editora e Grafica ILTDA
para o nossovosso amigo Guilherme Zarvos.

Edicaõ 1: 350 exemplares.
Papel cartolina 180 gramas.
Impresso em diversas cores, cor por cor.

Desenhos de letra e concepção Guilherme Zarvos
Organização Katerina Dimitrova e Jarbas Lopes
Impressor Jayme Borges Neto
Maricá - Rio de Janeiro 2014

Trib(r)uto

a

Ericson Pires

Para Camila do Valle

TEØS

a alma de 1 SOL-DADO
            Ex-T≡nT

apaixona ⊙⊙⊙⊙

all meu ▢▢▢ de ☆☆Gre☒̈
3D   1

encantado

S R I P E estudo
        Tesouder

a aluna de { SOL-DADO / EX-T=NT

apaixona-se

mui [...] de [...]

encantado

tirando par de

ERICSON

TEN

TAPA GENE

DANIWELL.

Botika
Ca
Senju
Miguel
Camila

Luis ANDRADE
P. ROCHA - P. Um

ENTRE TANTOS
TANTRA

JMRA

INCORPOREOS

CRISON

TAN

DARWELL

Tap Tap

Betise
La
Selb
Milan
Camill

Luis sanchu
P. Roesn - P.UR

ABRT

CHRES TANTIN
TANTIN

COLETIVO

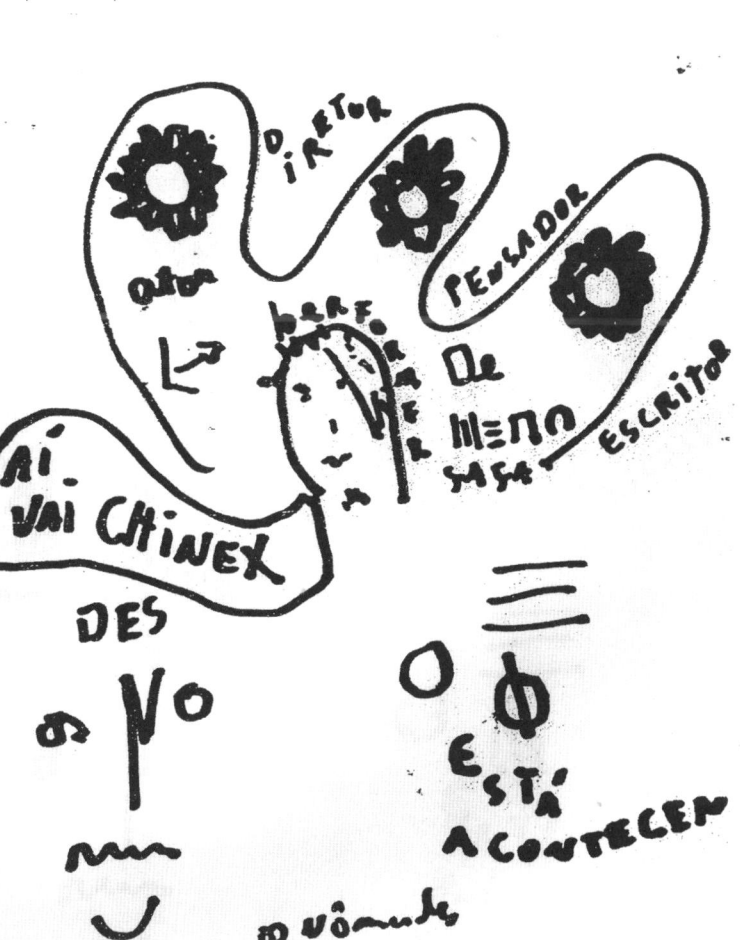

ator — DIRETOR — PENSADOR

PERFORMER

DE MENO — ESCRITOR

AÍ VAI CHINEX

DES
os VO
~~
⌣
o vômito

O Φ
≡
ESTÁ ACONTECER

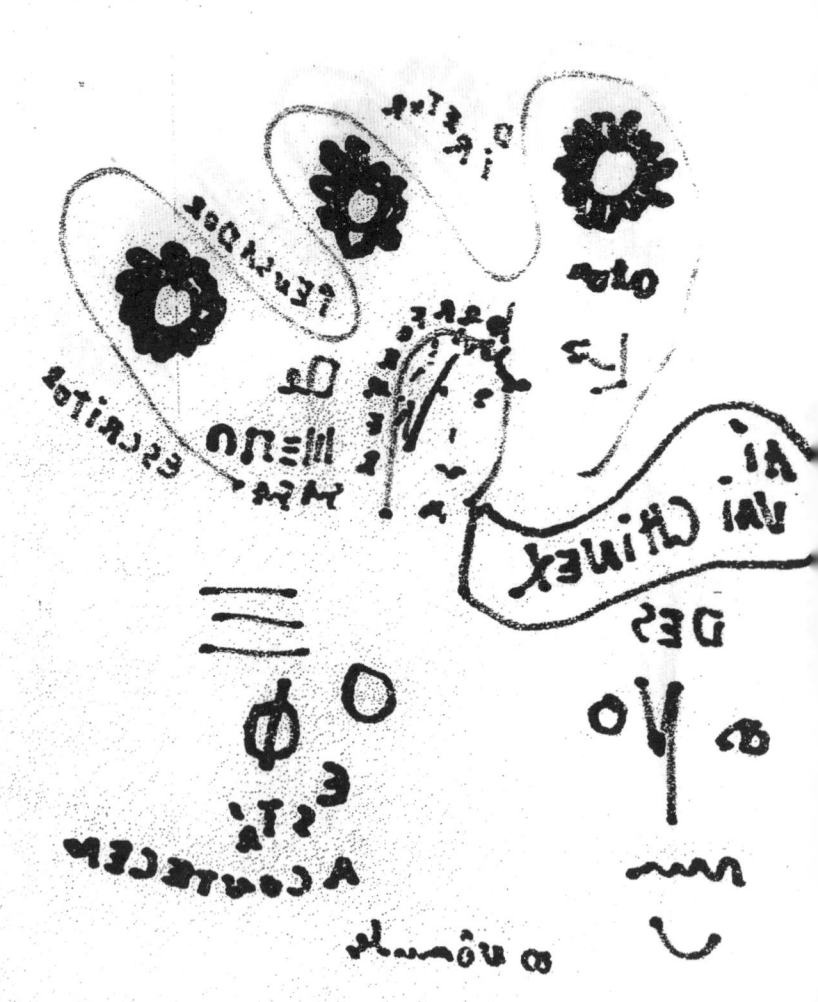

a questão dos *impasses* de 68. até hoje ∏

ab sou nida e a Sus

HG P 65 + Y = Cosmo de Melo

N ≡ GRi e NÖSSO

Ericson e o cooperativism

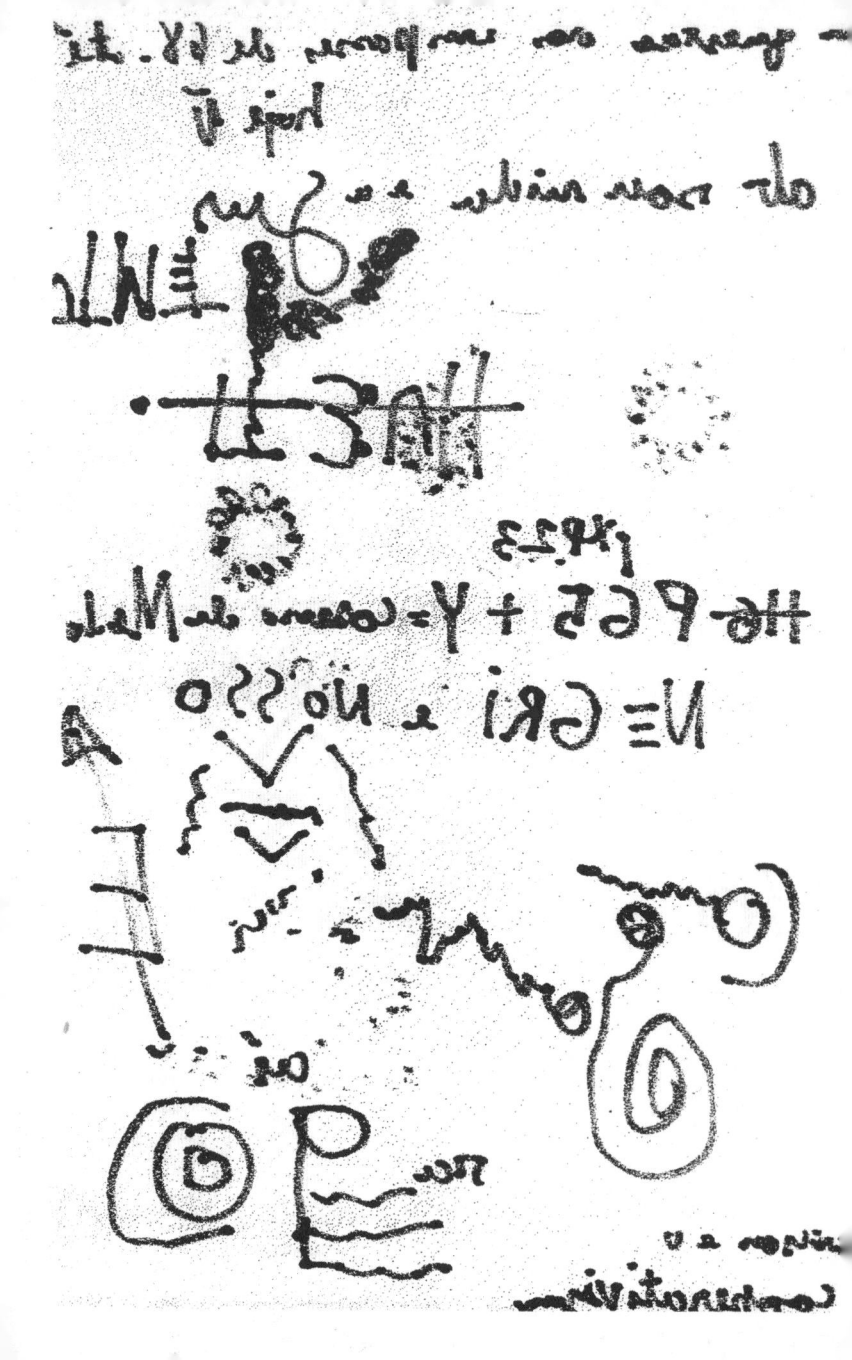

PÁTRIA
PÁRIA
AMADOS

— Eric, ainda existem dissidentes

que

LEM
BRM

De seu Jardim

De Vc
in

PATRIA
PR¹kIA
AMADOS

Eis, quando sistem dividente

BRM.
LEM.

Jesus
Jircho   Da VC
            in

Eric que papapapa é
cara, taí, na frente

PAÍST Q
K q
p V <

⊓ Z → pátrio
 ‖ paz, país
      pais
           GUERN

descrever o Ericson é
muito difícil

Como Minkowisk ∈
        with
    X   Wispa

⊖ qLo
        ε ϕ
E RAUM SOLDA
         AMOD

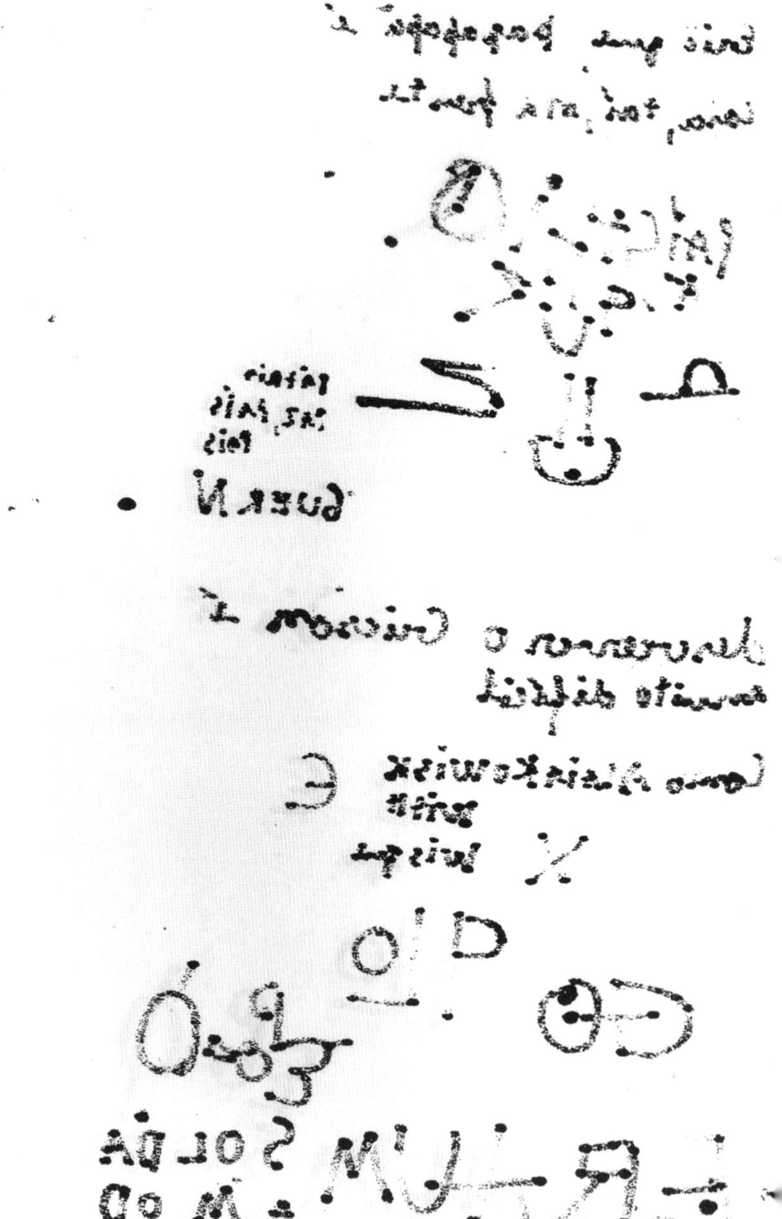

Pensador
ator
político
poeta
A̶T̶G̶n̶
Pá
ξ tico →

v. s.
SER L— GAM | TI ÇA

SOU □ADO

BEIJO E SAUDADE
Hoje vc I ⋔ ⊙

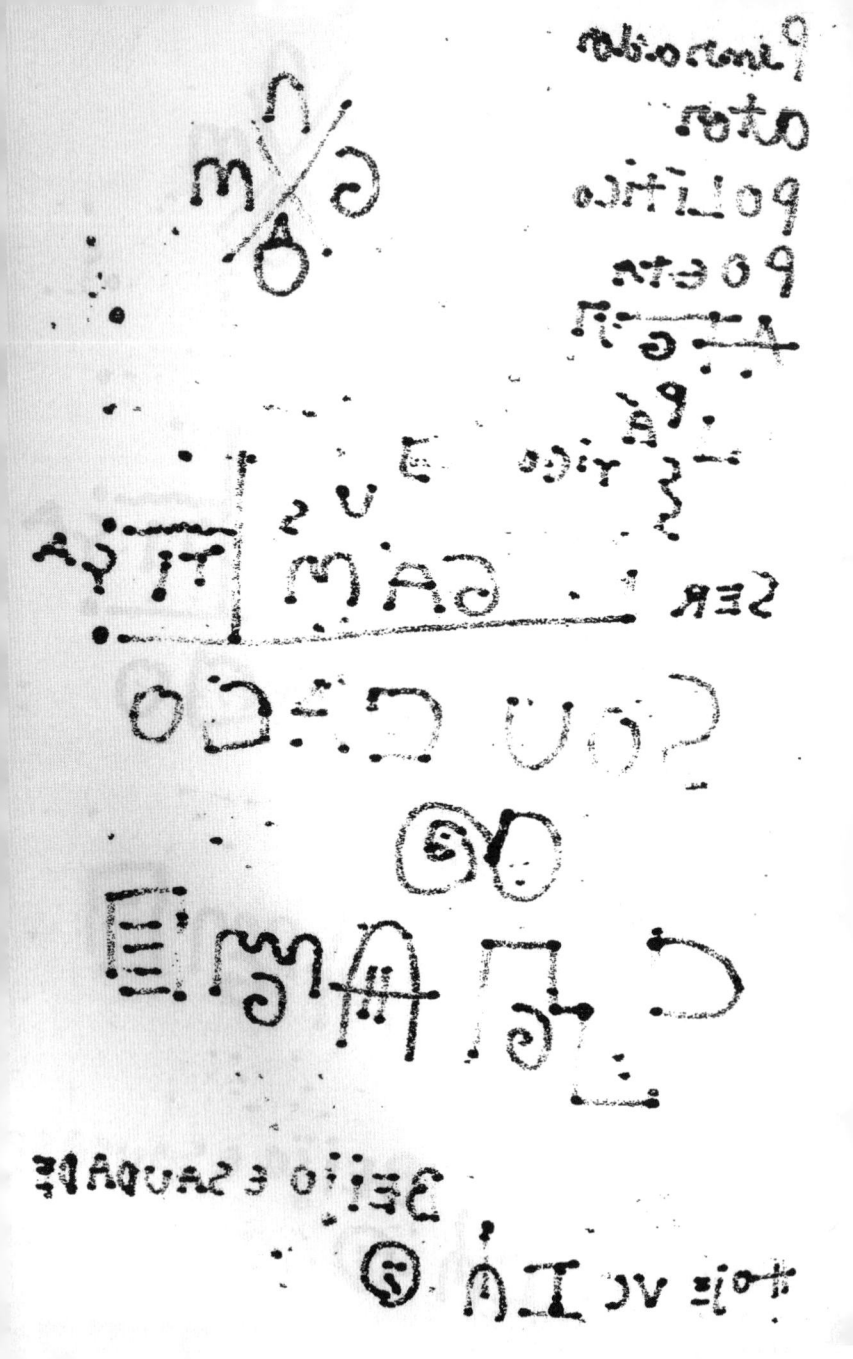

Pinacoteca
ator
político
poeta

SER ... GAM FILçA

SOU CIECO

Beijo e saudade
hoje vc 1h

QUEM

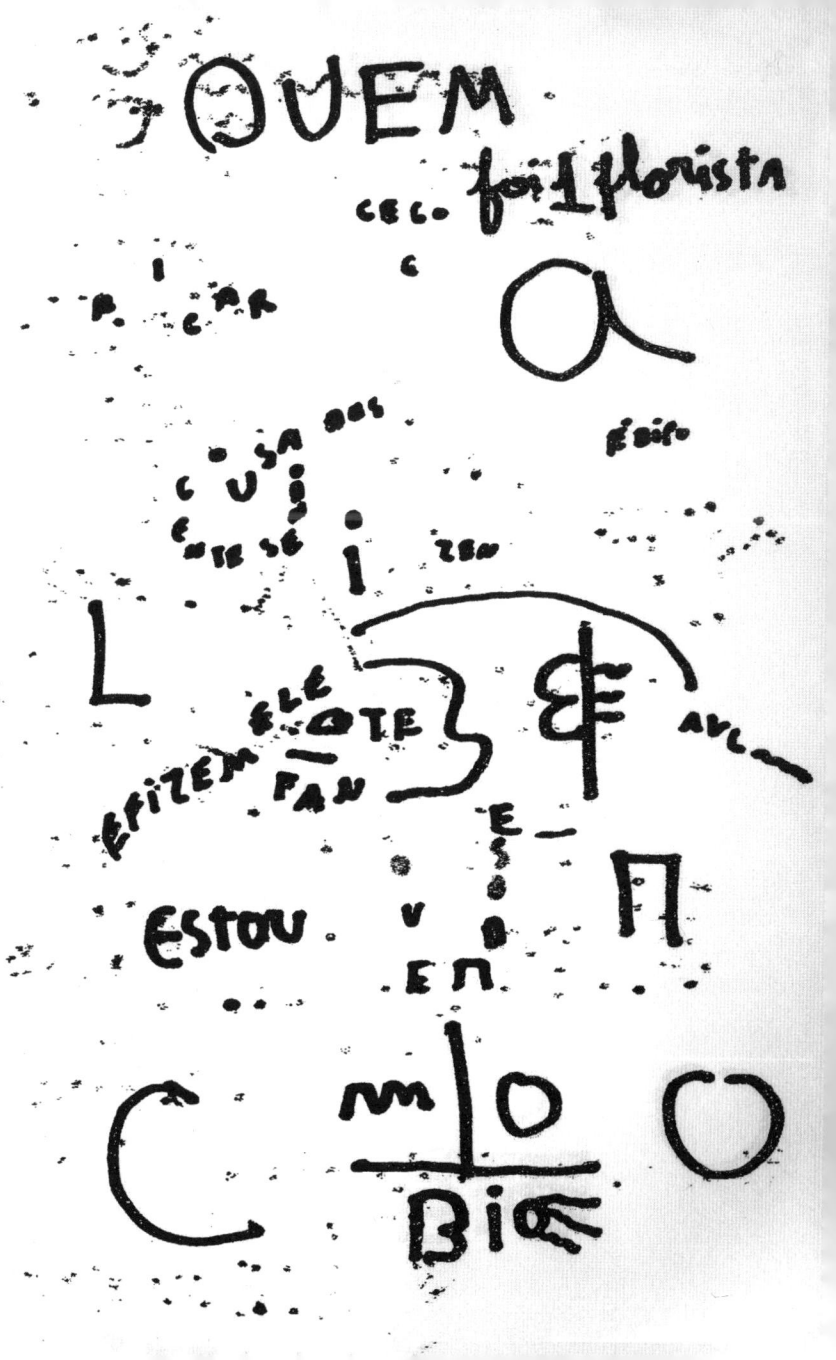

cego foi 1 florista

I
P. gar

a

c usa das
c une se
                    ésico
            i   usa

L   AV—
  E fizem ele TE
         ==
         FAN $

                    E
                    S
ESTOU   V   O   Π
          E Π

C   m O   O
       |
    ___|___
      BIα

QUEEN

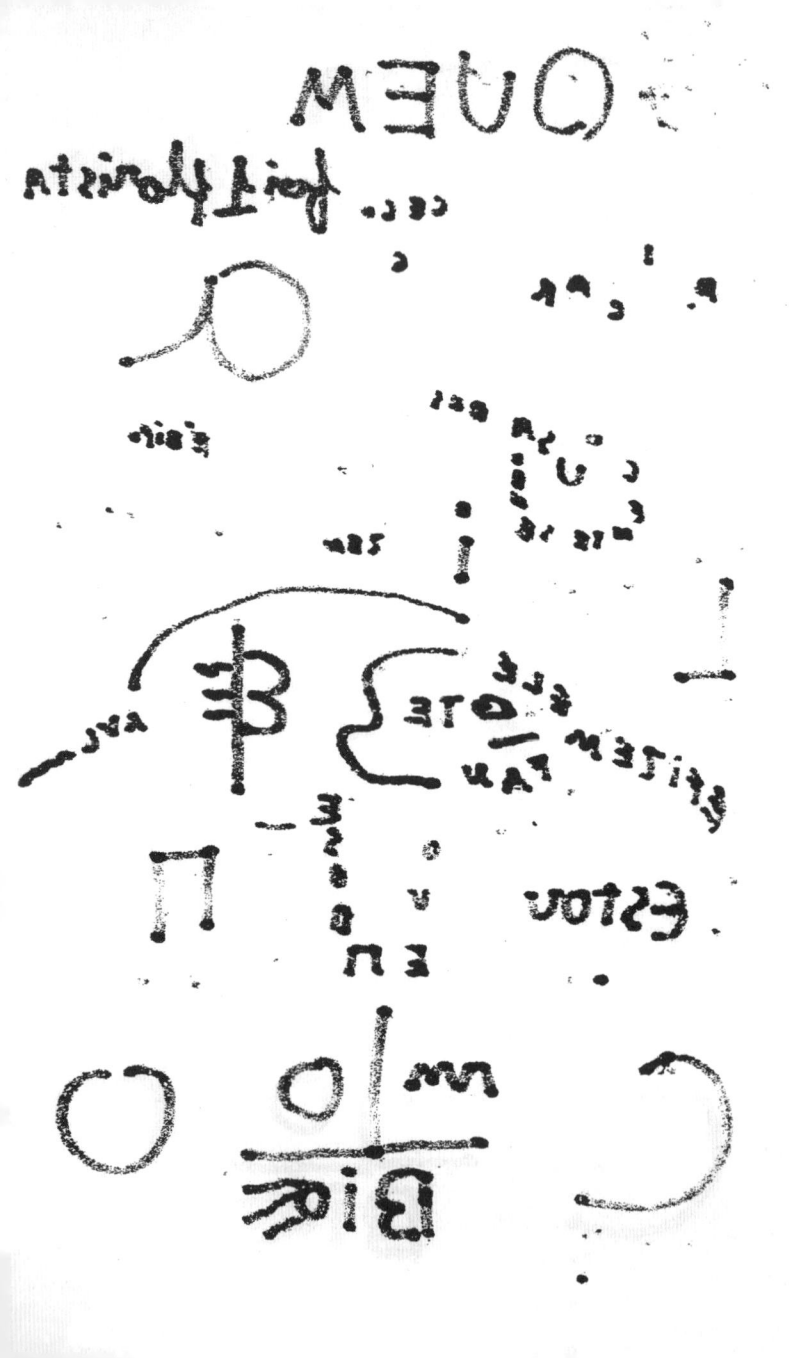

... foit florista

Eston

Bic m/o

Conli B
ÉRICSO
B h sou

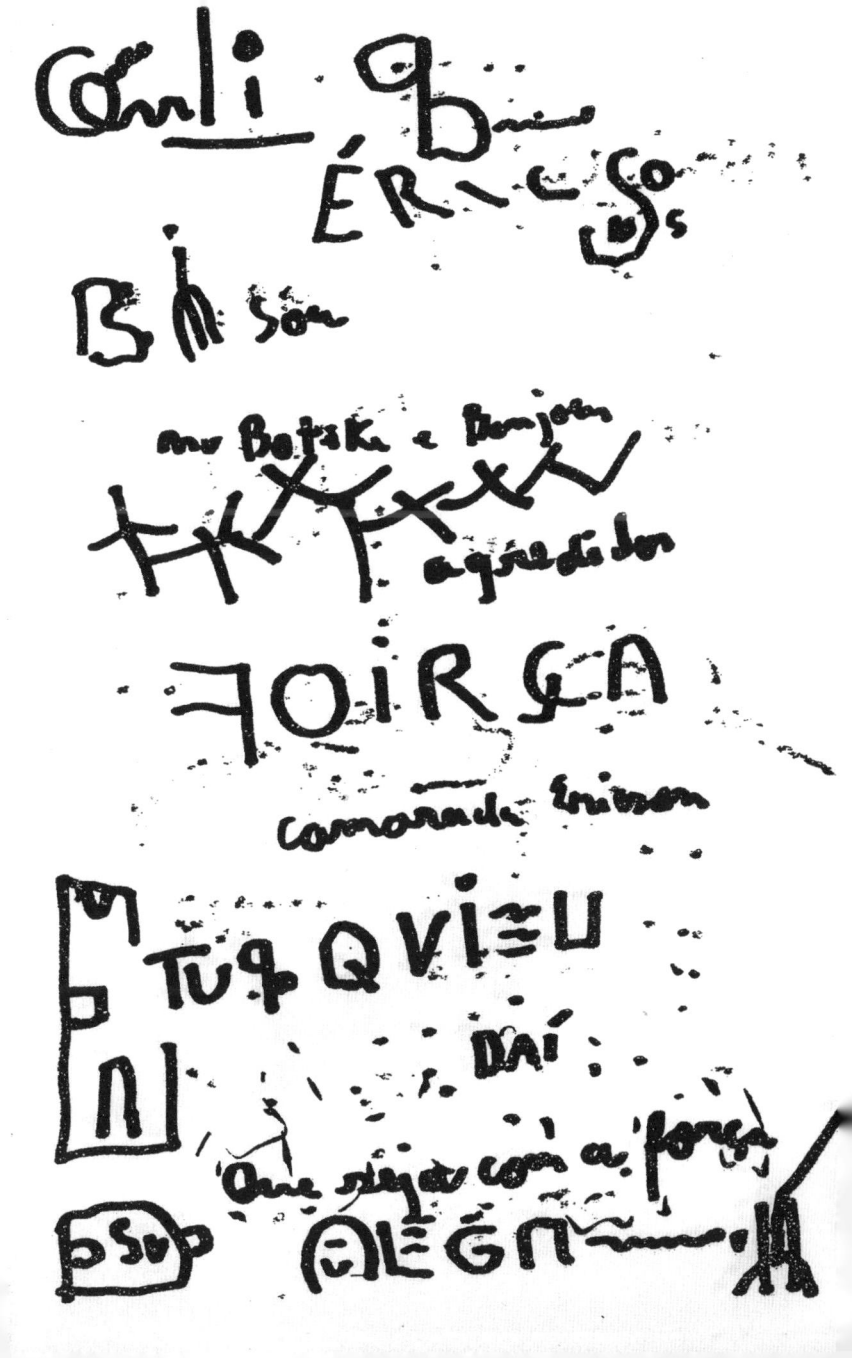

no Botela e Benjou
agradica

FOIRGA

camarade Erison

TU Q V=U

DAÍ

Que siga con a força
ALEGN

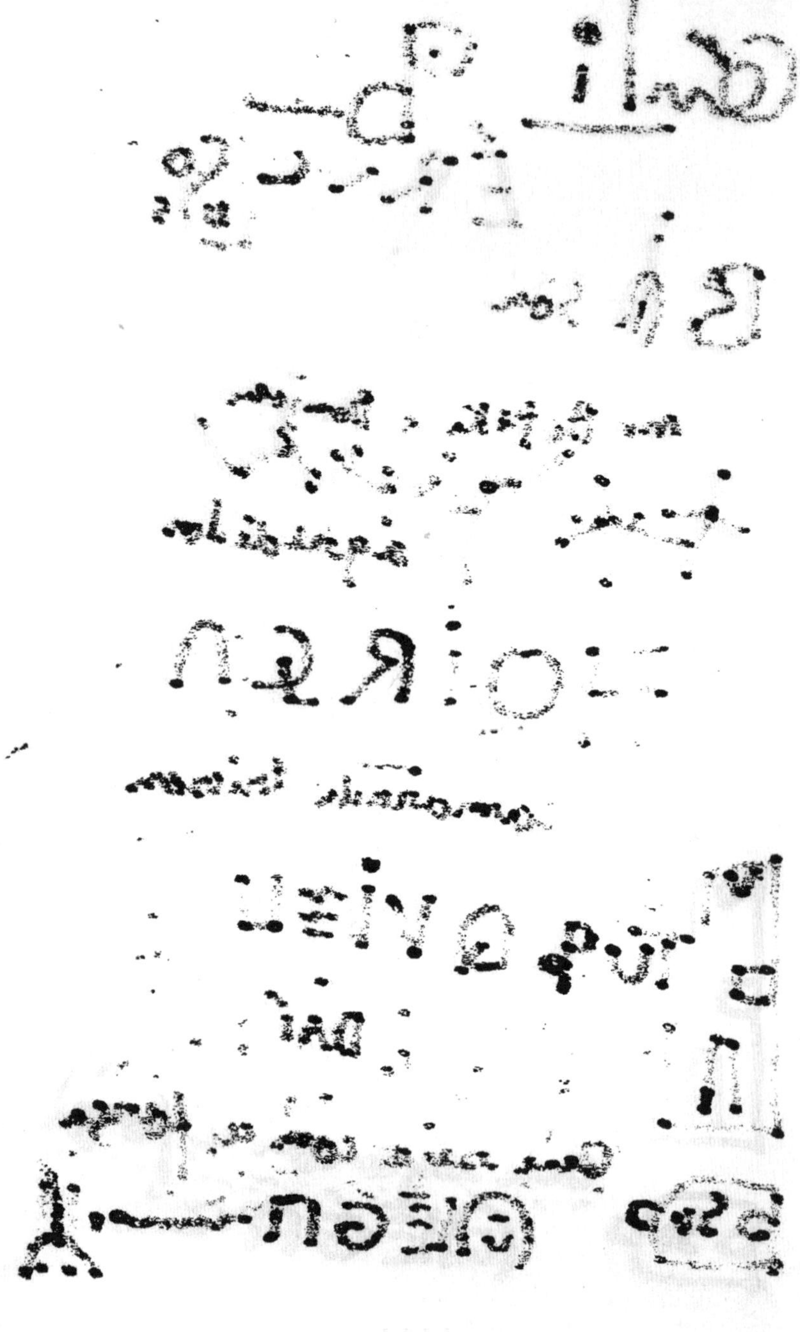

Seu Corpo é o

6!

POLI | C/O (DE) Sentido

ERICSON PIRES PARTIU

mica
Pa...

TINHA UM CASACO DE PELE

Era O

mordido.

no

paz

miguilin

ERICSON PINA MARTINS

minha

MINHA CASA DE PELÚCIA

2013

4529-8300

Cartoneira

Para Cucurto

a Velocidade

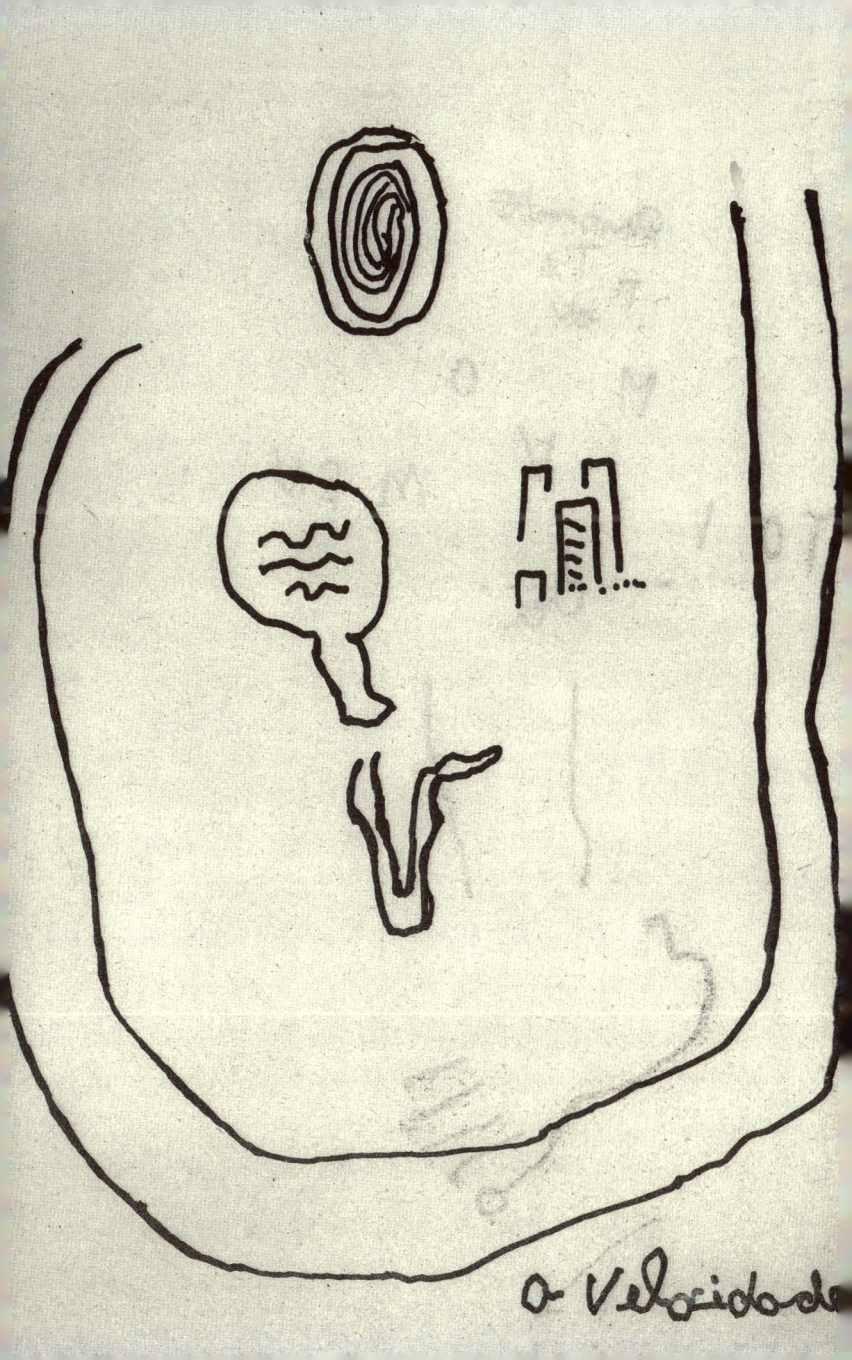

Quando
TI
П di
M O
   V   M EN
TO I
   da

o que Oxoxe

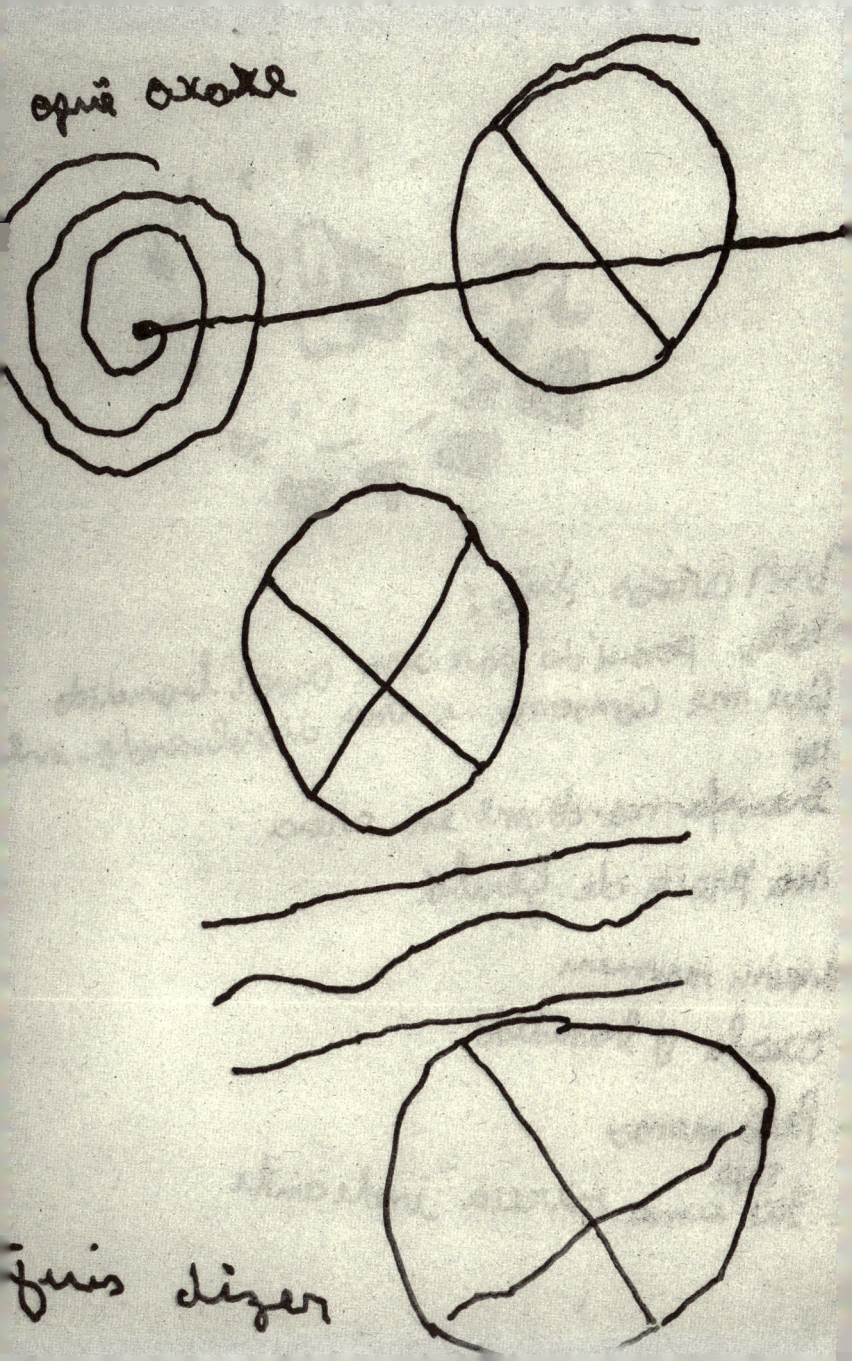

quis dizer

Marcos disse:
— Estou possuído por um amor bandido
Que me consome e vou dissolvendo-m
~~cai~~
transformando-me em areia
na praia de Geribá

Assim sumiu
escalá o bandido
Pelo menos
seja
~~foi~~ uma sereia indecente

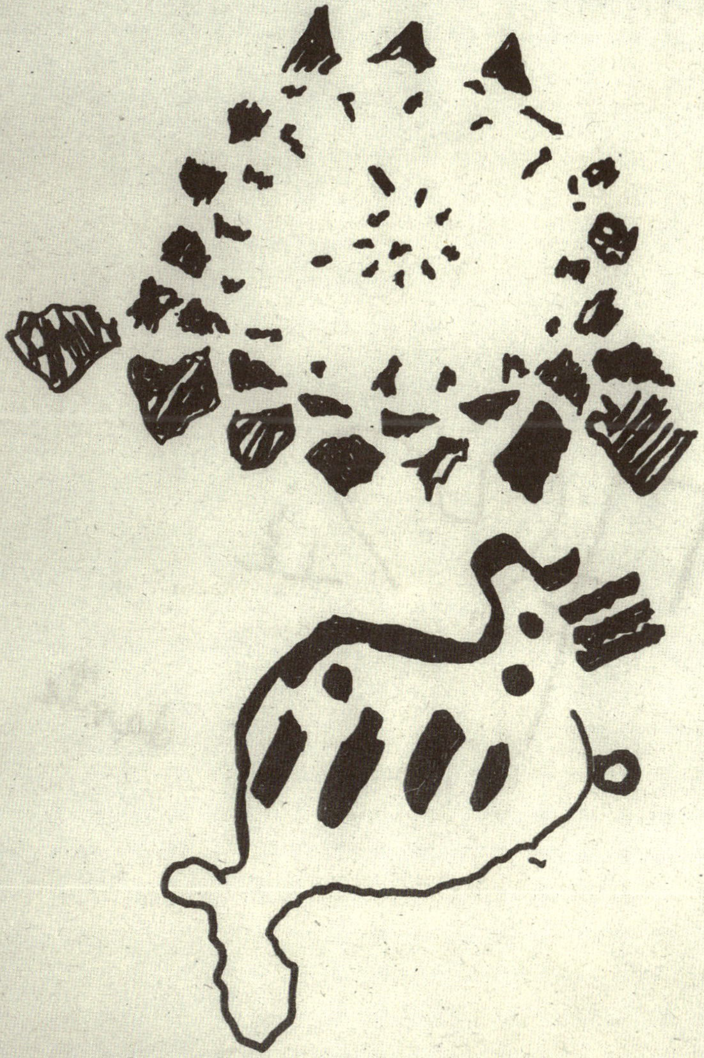

dente

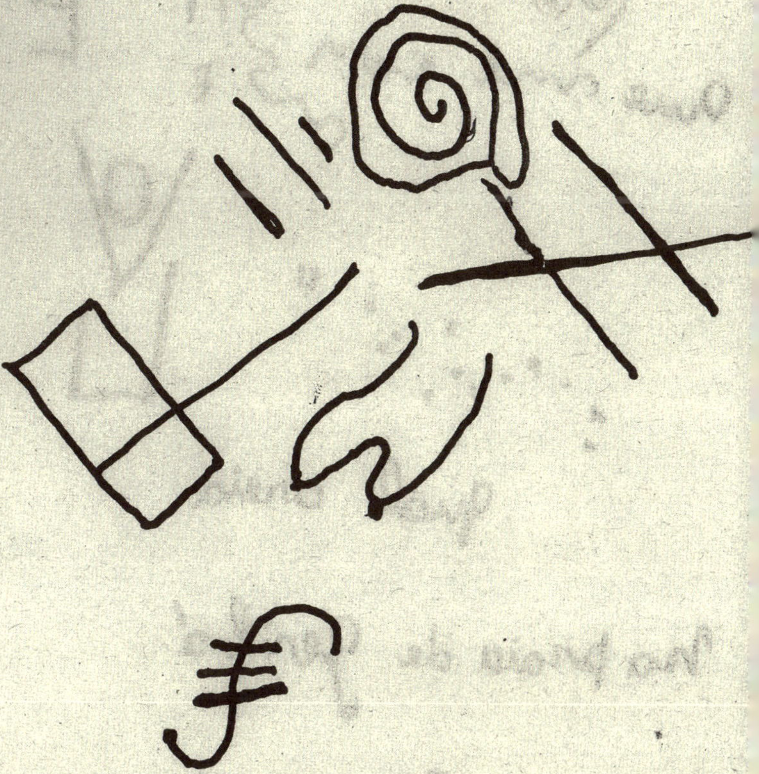

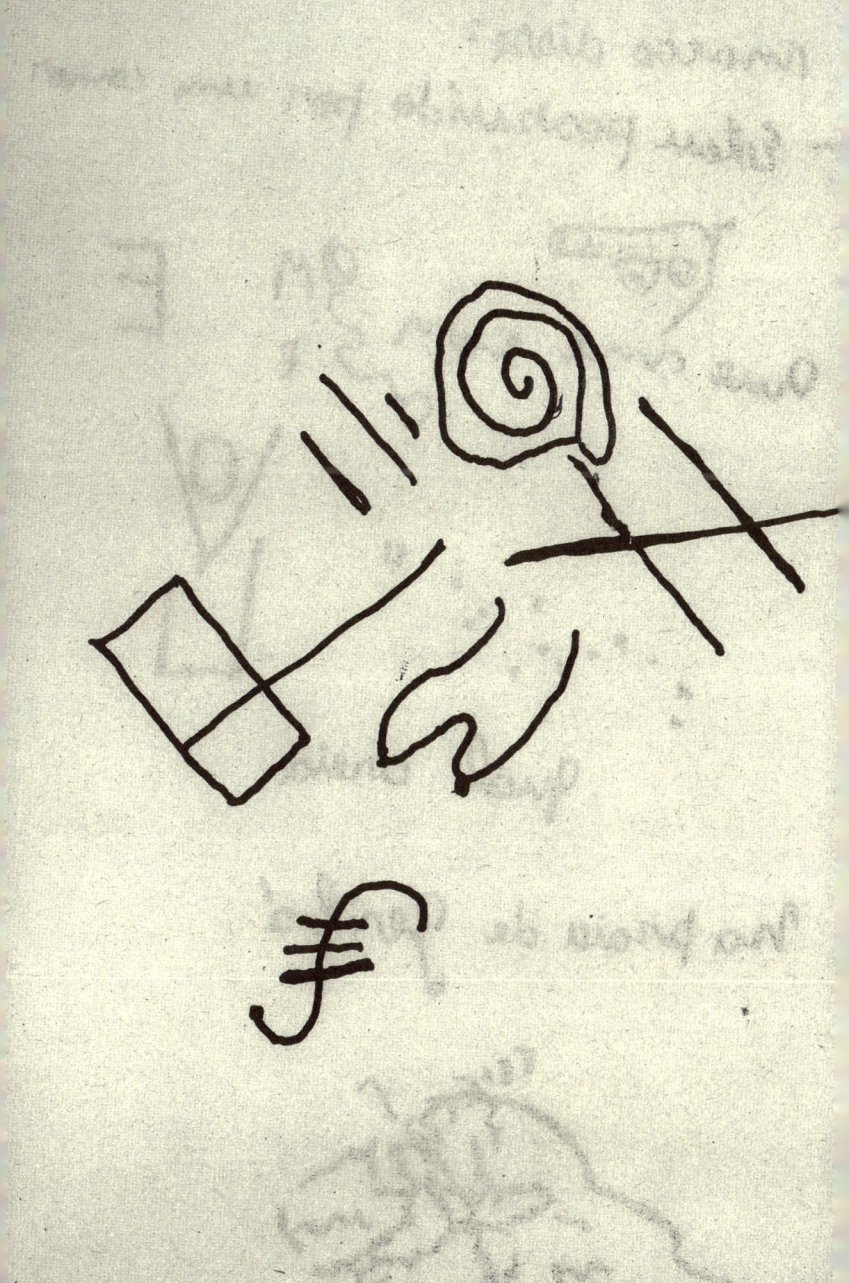

marco disse:
— Esteu possuido por um cemor

que me com 🐟 M E

qual areia

na praia de Geribá

desenhos em
espirais círculos

calma

lilH

più

 né

ej   s
mm   i

Cereja

nos 4 anos que já eu fui

28 = flor

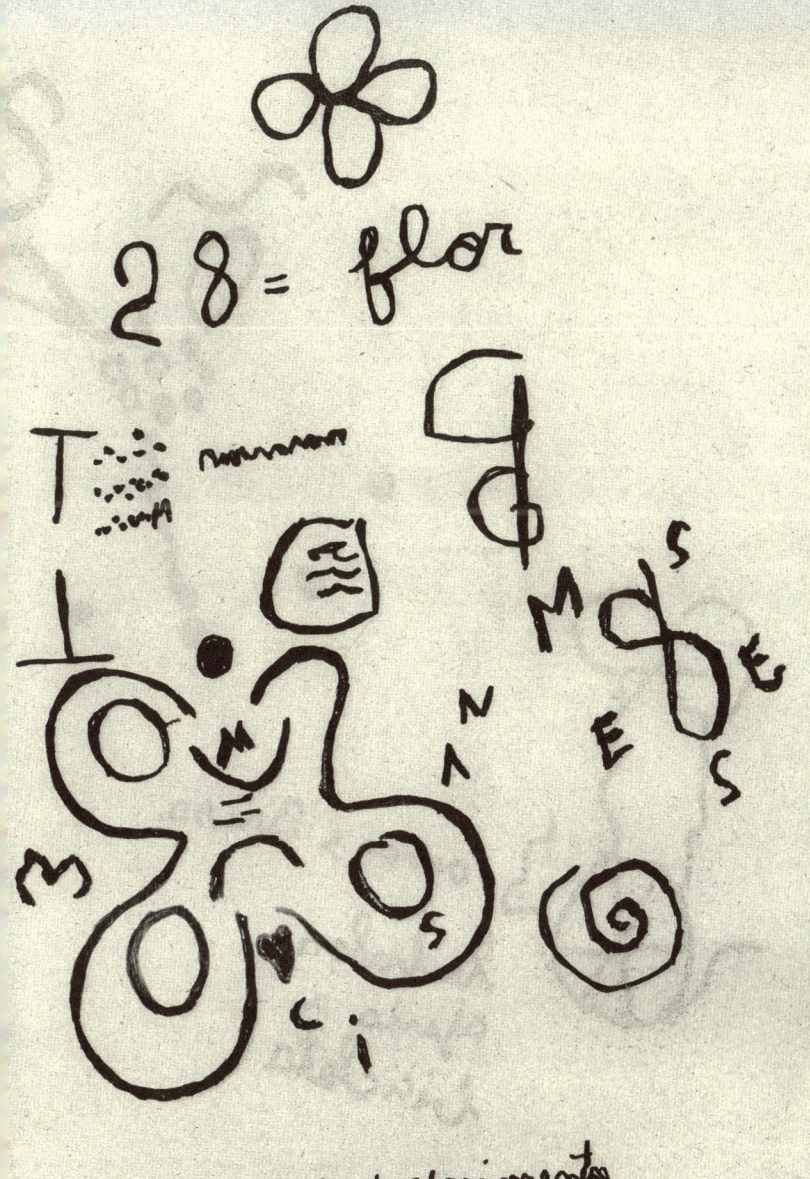

Tempo de Nascimento

amor a Brisa

le balon
ajuda a
bicicleta

(Eu tenho)

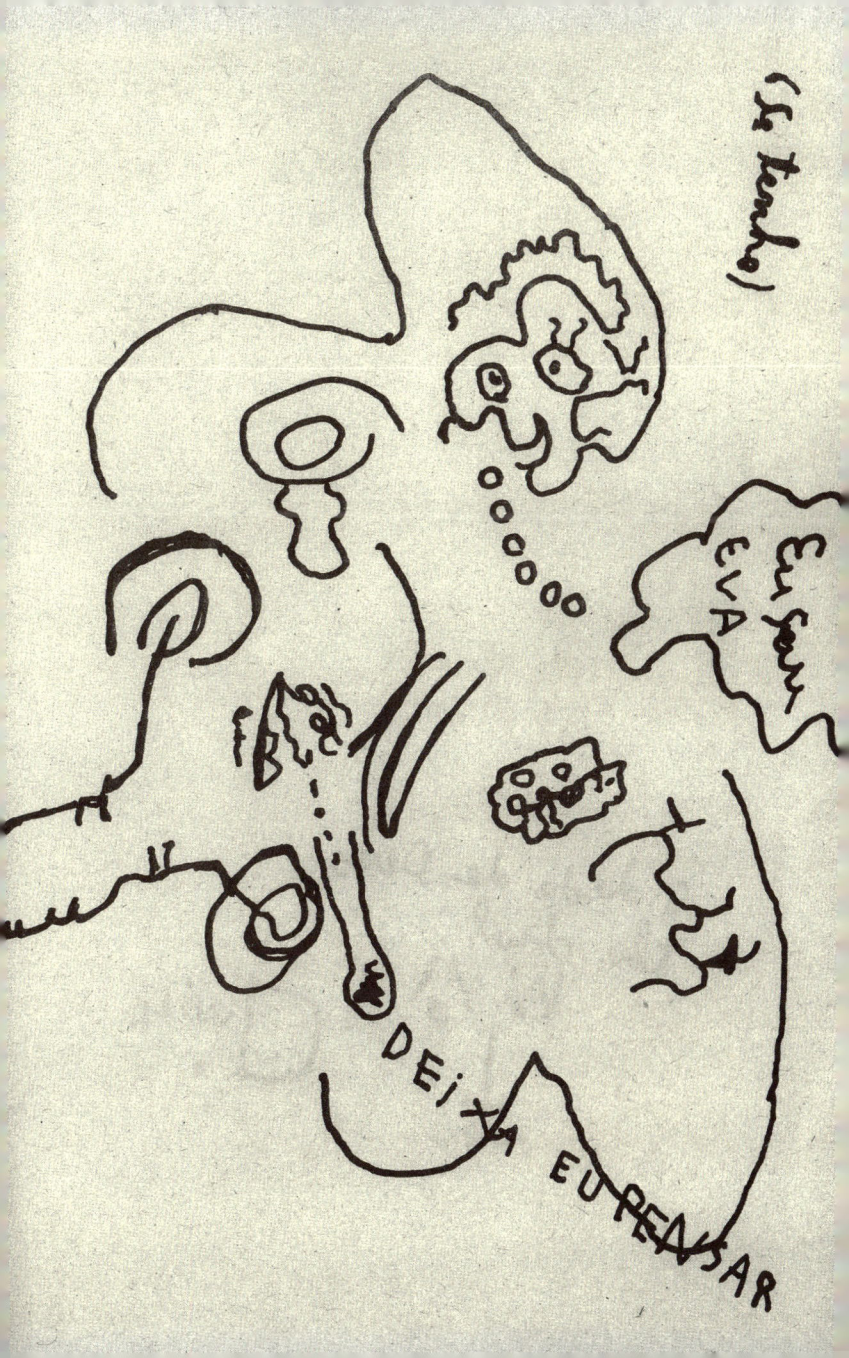

Eu quero EVA

DEIXA EU PENSAR

O dedo de Deus
The deal
W /▲
⊥
∿

◖ will

n L o

de

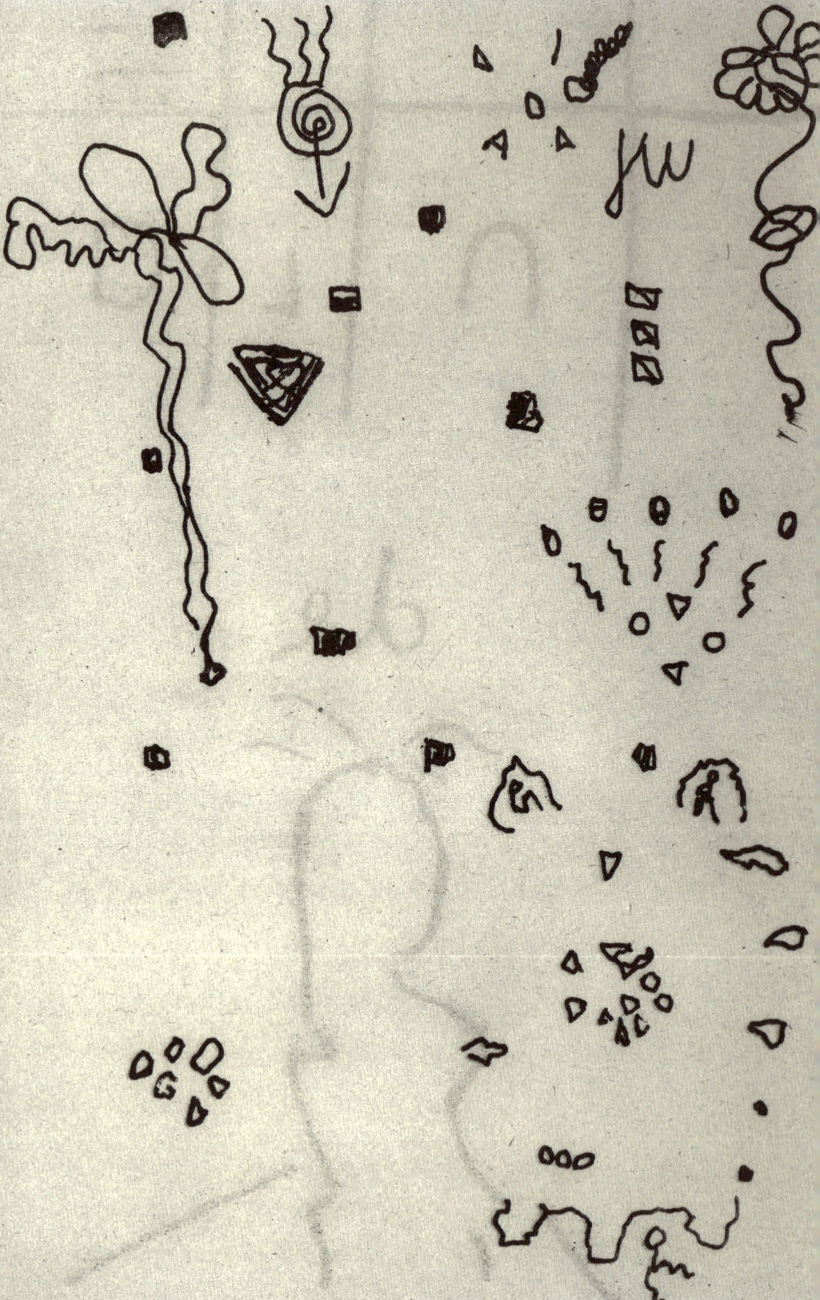

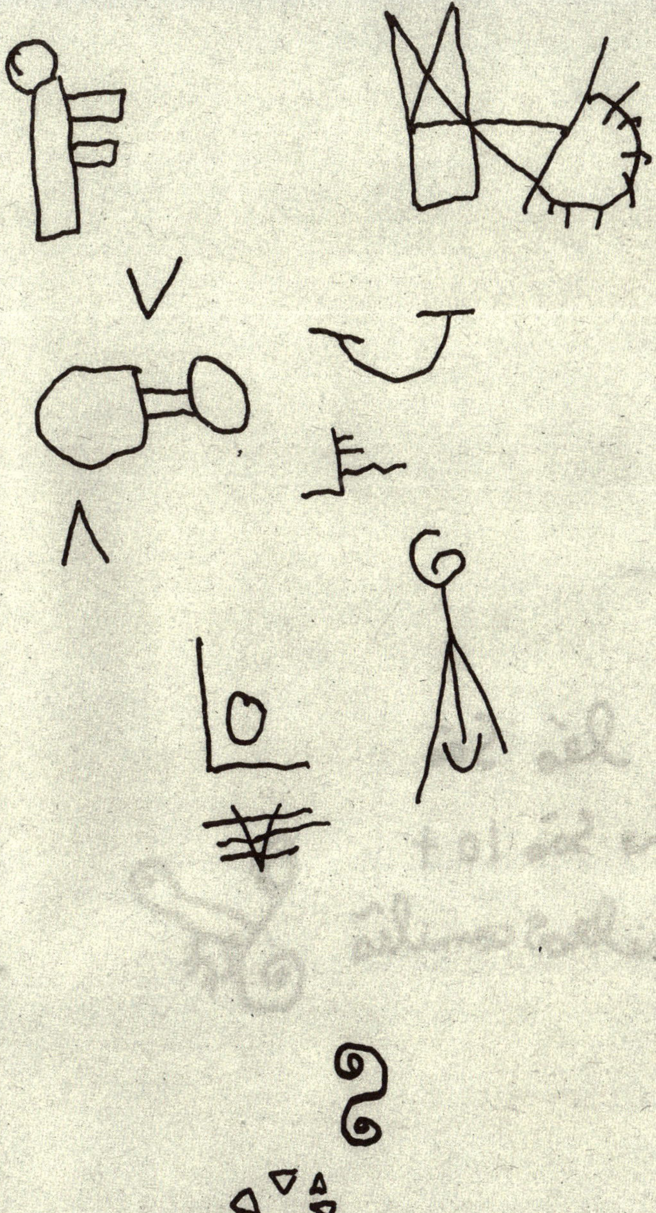

O léo São
como São 10 +
comileão comileô

Esse Livro, Livreto, se é que se pode chama-lo de Livro, Livro como verbo foi impresso pela Gráfica/Editora kadē, para nosso querido irmão/amigo Guilherme Zarvos.
Desenhos de Letra, capa pintada e concepção Guilherme Zarvos.
Organização Jarbas Lopes e Katerina Dimitrova.
Impressor Jayme Borges Neto
1 Edição - Maricá, agosto de 2013.

NUT

NUTRIFOODS IN
VIA DAS MA
SP - CN
INSC. 233.010.81

O OLHO DO LINCE

para Pedro Lago

Olhos um verde outro azul
Dois olhos noéis profundissimamente
Azuis que faíscam sua transparência e
Luz, os primeiros colonos, os olhos
Um dia foram verdes e conquistaram
Corações e agora tem um azul sem
Força os olhos caramelados os marrons
Terra brilho fértil e a faísca do preto da
Jabuticaba grande de pé velho.

É o mar verde, o marrom, o azul
De Netuno, Iemanjá, Ulisses, Camões
Ondas de sons e deslizamentos

O Lobo das dezenas de cores frente ao ar
O uivo com saber coruja -rente
E pássaro de vermelho cetim
Areia a sereia e a multiplicação

Acordaram vendo borboleta
E Marias Antonietas
De capital ou mesmo de Curitiba ou Blumenau

E os olhos duplacor

Além contas antigas com
Peixe Grande
Ignorância e muscaraters
O som da baleia do Velho
Do Pinóquio
Mais luzes de fogo
Mais matadores por prazer

Olhos de ferinos de encantador
Riquelince tão belo tão sórdido
De fraque tão de freak e fake podendo
Decapitar e enfiar o sorreto no cu
Da Praia Vermelha.

A estória da república feliz de
Baiacu
Vermelho rosa vermelha
De lábios no canto da praias
Praia e Paris que cercam uma choupana
Pássaros restinga protetoras
Contra o vento velho da noite
Sedutora de todos os Santos
De Anchieta
Alencar
Do Ginsberg
E do vô dele fun da dor
A República de Baiacu

Um sonho de 1928
Nada inclusivo à população

Safanegon julgador
Da ainda nefasta casta
Q p l menos
Passssseiou de cem sem 100 dollariantes
Para 300, com courrup sons
E antes o dinheiru ia para a república de baiacu

Todos os olhos
Já não virgens
Olhos rodopiaram
Não enxergaram
Olhos socados noitadas solidão
Desconectados sem brilho de mente e de sol

Propoluda de insegmentos desordem
Depalabrasdeideiasdesentimentodesentido
É aí   Baiacu
Quitusifode
Tunusove pratu
Cidades de espreita dos
200 ....puta....escrotos....400 mil habitantes
A noite silenciosa lagartavermes
Vagabunummeia e na sombra
Desaparece. No vententaim do
Sacerdote do silício e das gargantas asssassinadas

E Blau
Insolopadosiinsolopalentes
Salve o que é bom
Quem de paz
E pôr de sol
Vegeestaestaestaesta são

2

Claro pode-se relembrar
Tempo de sul nas costas
Grupos tansanteuntixerd
Muitos casaram-se all menos
Na primeira vez nas cochas

E o poder governamental
Próximo e natural entre Pares
Piriadespricocles de peido do cheiro

O olhos não enxergaram O O
Que está acontecendo de
Ericson P   i   r   e

S

E Zutinha, quarentona toda firme
Traiu poltrão embaixo da mesa de
Brilhar, no meio da festa comemoração

85 anos da matriarca

Na festa de Lisa
                    e de seu neto 27
A sogra
Rodou nele e na dos 3 irmãos
25 e 21 é caçapa 7

                    3

Por detrás dos olhos duplaflor
Perdido óculos
E filho dos crustáceosnesuassunas
Gritou
E na Euforia todos gritavam
Em uníssono
O república somos nús!
Rei ei ei..tudo pelado e joga bosta

Não sabiam que o
    Hum
Cegara-se na constatação no
Saber disseminado
Estraçalha-se na frente de possuídos, herdeiros ou
Despossuídos na frente
Da queda dos deuses
Não ficar lugar nimuuuun

O canto da praia tomada por camisinhas
Restos de sacos de compra de
Plástico e cagomedrosburlespreiada globol
pocalipticobrochundus
Todos desde cedo já sabem do tamanho do sapco

Refletir na casa de Ivan
Tem um papagaio com pé de gries e livre de grilhões
Vou Ivan livre e seguro com seu papagaio
Pergunta, Responde

Sou cego bostas e ri papagaísticamentese argolas, louro livre

E o velho cheiro de pingpriguiça da cana
Cortada e curtida na banheira...
Da boa cheiro de vai não presta, mas um gole e tá tudo cool

De longo velho aponta
É lá para o Mar Verde
É lá para o Mar Azul
É lá par o mar Cinza

A resposta Eco
Que bom que apenas cegou-se
Bom Velho
Se perder o olfato perderá a vida

4

Maioria monoteica nefasta provocada proovoca
Cada centrímitrutemcudodono
Semnunsão
Devorados
Enrolados nas toalhas felpudas
Bela Vida
Do inhoque
E o menino do papagaio nada falava
É cheiro de tudo quensiv
Numpricisa
É cheiro de longe

66 --------- S3RIALcERIAL sER------k. LER

NanaRealrecadado

O Império da Lei do medo da bandidagem
Sub baixada do Rio e de Santos
Povo bonito ignorante das margens mangues
Do Beat Prafaldra
E no deserto de ideias de Baiacu
Entre os perigos adolescentes necessários
Cercam a lagoa do barro cerco
Esgotada
Por calamidades esgotusables
Mosquito e mosca de resto que sob

Seja Senhor bem quisto duplp

E o refluxo dá a ação
Necessário é o nascer do dia
Cantar e refletir para que nasça
O sol de cada dia nosso

A escuridão e o vazio

Cama para o enfermo
Justiça ao enfermo

Sul,sul,sul
Lá   bios desejosos   espelho com coca
Vai de morar o pós
República do Baiacus e um fantasma
Um corpo sem cabeça
Que procura seu corpo e cabeça
Herdados rastejando juntos víboras de todas
As espécies cada um no seumato
Sua religião
Mendigos com camisa quadriculada de flanela
Azulverdeebranca no caminho da névoa
É que ciganos e caciques também vêem.

Traz Putão sua mentira nova
Inaceitáveis são as velhas
Voz do trovão

Choram mães de assassinados
Daqui de lá na Angola
Nemaréos estadounaensses e chinoxos

Às centenas de milhões
Mulheres mutiladas
Homossexuais assassinados
Pão Pedaço de pão – em Dourados de Emanuewelllmar
As asquinas tomam a vibração do corpo
Diluindo   P
    anama
            r

5

Sugando cérebro espelindo
Imagens holísticas confusas, desesperadoras
Tudo é chiado
E cada fanastreiro iludido
Denuncia-se
Tal coveiro exolodindo coração....rastejando víboras em baldinis
Uísque de milho vagavbunvdo
O Glutão faltas e companhias
Fortunas

Os mendigas de barba já para Branca
Olham
Camosas de flanela azul verde e branco

Xadrezes
O caminha d névoa sorri
Os ciganos são dos que mais vêem

6

O marisco exilado
A venda da mercearia abastecida
Fruta interage com leite
Micos vários
A cadeia mundial mediana interage
Frutas sorvetes e chumbinho falso

Os anjos caídos seja Theo
Carolina e Pedro
Pedra esfarelada
Útero de mãe Baiacu
Leon e Parvicio
Cada mantendo-se emergido em lama natural e
Mel crustáceos

7

Os mais velhos de suéteres cachemira pastéis
Falação de Funções só nos cantos
Ou no clube da praia já alterados

Provincianismo virtude uísque
Caipirinha da fruta

Relaxam para o inimigo a lei
Já estão querendo enjaular de uma vez
700 ml militantes di matador a doutor
Não enxergam os bisnetos sabem e com vergonha hipócritas
Vaiu m talvez para o poder ou diluiu-se
Comum ou pior que o comum
As Bestas degeneradas

Mas lá de dentro do oco
Ouve-se a voz de Stella de Bela
2 corações flores que dão algum
Semtidootiro

8

Esperança sem moral nos filhos
Comuns Afortunados globalizados pouco sabem
A República corrói-se perdendo História
vale chegar para SER
Corrupto
É aceito o roubo mais fácil
Comum
Vota Besta

9

É vida debater-se cercar-se
Para   Poder
         Agredir
Para esconder a falta de caratena falta do sono
Do medo do longo o ciclo do inferno
O mentiroso envergonhado
Pagrá plateia
Enquanto filhos não falam com avós
                                   com pais e país
Com rifle de caça matador proibido sem identificação
Dois dedos mão direita sujo o veneno do tiro

10

A sacanagem continua por debaixo da sinuca
Festa de família já agora sem amigos
Pai não fala com filho avô com avó só ordem
Quem trepa é irmão com irmão e a gente Pia
                                   Não pia

Tudo em cadeia
Ou autoexílio
Compram-se mercearias
de todas as calças
Cadeia global normopática

NY, Changai ou São Paulo
Transferências ilícitas
Yuofself foram necessários muitos vinte centímetros
Para a suruba geral dos gatunos
De cu longo de esconder propinas

A república para além de Praias do canto
Gericiborrra até o completo

   150 anos
  De sua Instauração

De reto cavalos
Bucetas e paus
Muito pouco sobrou
Comum
Tranguinagens

O Herói cegou-se
Ira e Cesárias continuam
Todos enxergam

    11

  A Queda   blumenau

Na aldeia guarani ~~~~~~~na aldeia ptxó 7 a 1 agora rebovafa
Aas eyhinias ensinam como borvboletas ensinam tal sol e lua

Uma tem demais ou que a outra tem de menos
Bastardos esquizófrênicos
Do mal
Viv jou o esqizofr~enico sa genialidad e bondde e saber
Sádicos nazistas
Todas essas mandlas ainda firtíssimas comta
Com aritana no Cjngr

Qqno guarné
Bumb meu boi vermelho e prteo
Vceu
Em são josé de Chico Mendes o tempo tá bem

Riciriqyuinho Serial Killer.....
Começando por ele mesmo
Ém mimado e sm paz
Quer lrvar pçarsua cova
Desgraçadps iguais
Na sua fúri e fraquzPor[e

Lince afeminada apear do surf e dos cachorros bravos
Alma de rosa
Gosto do sol
Filho de uma puta
Serial killer

PRÓLOGO

República corrói-se de bronzeado de busto de homem Herdeiros velhacos caçadores de pato e pacas, porcos com cães ferozes aos Seus pés espalhando socos e ameaças tendo o olhar de Lince Abusada Comida por desejo e pleno mostrar-se....e o medo de um viado de bunda Branca Que todos da República Baiacu explanem

Seu olhar de furacão que o transforma em agitado montado de monyador de cavaçlos........ ringo de calcinhas......serial killer... e porque não morre... corre perigo todos os dias entre a impetuosidade do lince e o saltar nervoso de um viado bem tratado... malhado tatuado viado tão tão viado daqueles que querem que cghupw o cu

O cu das mulhere gozozas que ejetaram líquido na cara esperma deste escrotp sem fim pois o desejo Não se realiza....morte e desejo...qual é o fim da rés. Do rés e dq é público...pelo menos tatar com dureza o rapaz q só so brau....um filho da puta que deveria estr cumpridooooopênis cume hjá cymprrriuuue gosta e cu gfotrçado...preso na Capital...apesar de todo nomeedindim.

Bonitinho do papai e mamãe filho herdeiro único na praias de busto velho. O vento terral só traz a imundicie para O Meio da Praia terra do Tigre de Pedidos, já não aceitos nem no bar da esquina.

Poema
em
porta-retratos

para Pedro Rocha

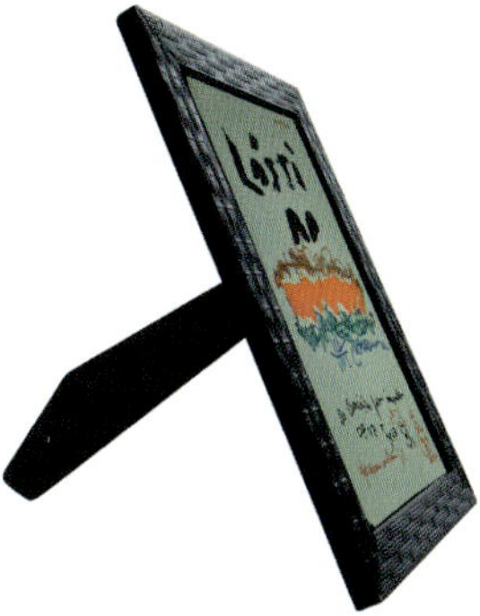

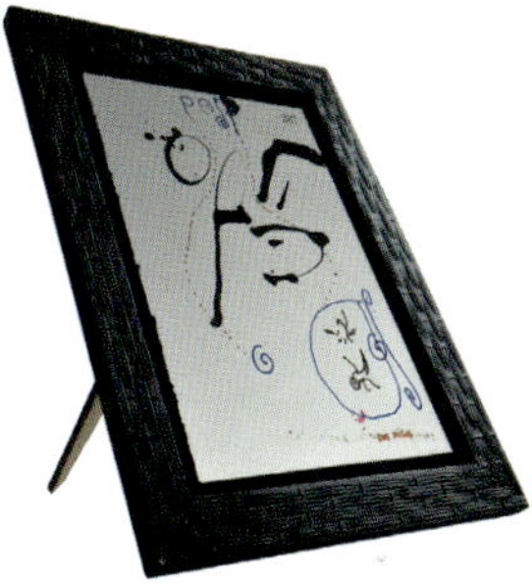

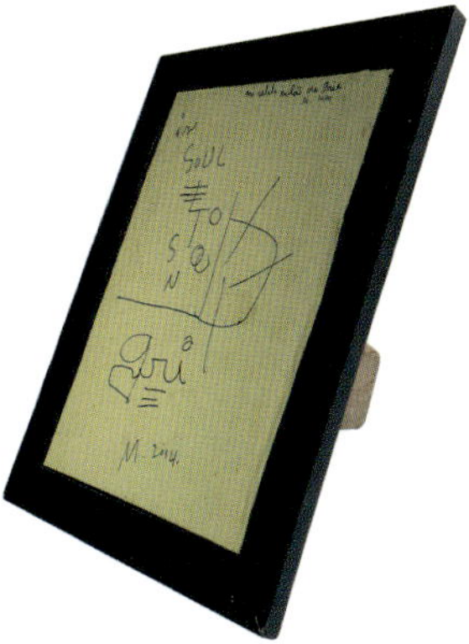

Lástima

as Américas foram inventadas
∉ ∩ ⊆ 5000
—or dismo motoron IN Os

DOS MICOS

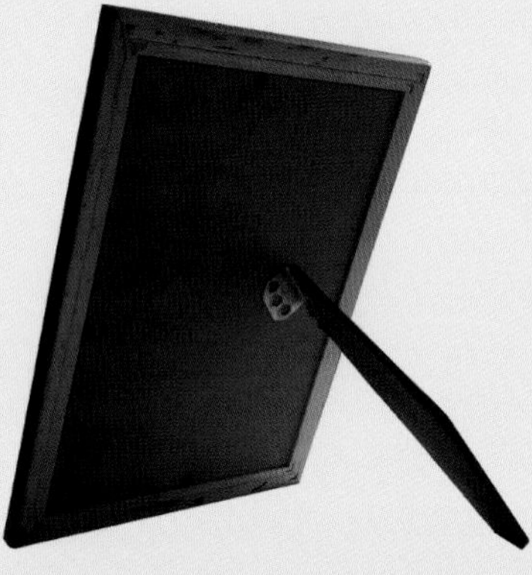

no seleto salão de Brit
M. 2014

SOUL
TO
SN

aqui

M. 2014.

para Laura Lima

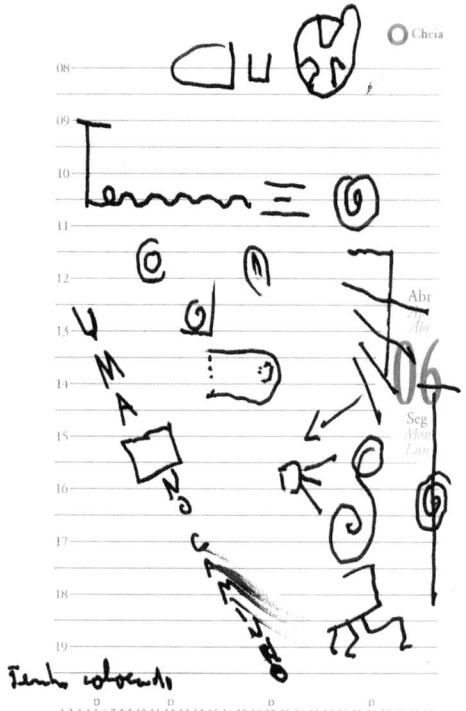

Proletários de todos os países, u

Interv

Março 2014 - R$ 2,00

Hesi
br

dos clientes ...es feitas pelo país, cerca ...óleo) vão para os Estados U... para a China, 5% para a Índia e 4... para Cuba. Como cliente, 30% daquilo que importa vêm dos EUA, 15% da China e 10% do Brasil.

Para Luiz Carlos Bresser-Pereira, professor emérito da Fundação Getulio Vargas e ex-ministro de Fernando H. Cardoso: *"O governo Chávez praticou o populismo fiscal (a irresponsabilidade no gasto público) e o populismo cambial: a irresponsabilidade no gasto total do país, expresso nos deficit em conta corrente, que reduziram as reser-*

...o ...enda ...radição do ...no-americano, hoje está em crise num país cuja economia registrou em 2013 uma inflação de 56% e uma escassez generalizada de bens básicos.

A deterioração econômica

Na versão de "O Globo", Chávez ...eria encomendado a crise *"ao ...sbanjar petrodólares em progra-...as sociais populistas, estatizar ...npresas e assim desestimular a ...rodução nacional em todas as ...eas"*, além de financiar o governo

da autorit... de paralisa... o que resta ...não pretende Maduro, por *daria muni PSDB em pl...* outro, *"enf... perante a daqueles cl... preferem vê-* Planalto ta... oferecer re... venezuelana, *"capacidade ver o diálog...*

Por sua ve

… **munista**

… análise marxista   Ano XI - Número 127

…lomacia

Círculo Operário
R. Aurelino Leal, 38/202
Centro, Niterói.
Contato: 3062-9798

e da Venezuela

…te é capaz … e afundar …

o Planalto …icamente … desses …ara o … por a … e … aúdo … poder … o pode … econo… os apresent… ara promo-… oposição". nos nós, se

"queda" de Maduro através do Exército: *"o que a oposição deseja é um golpe militar [...], se declara democrática e acusa o governo de autoritário. Diante de tudo isso, é preciso concluir que um golpe militar, como aquele intentado em 2002, é provável"*. A única maneira de evitar isso, num país cuja *"democracia é débil"*, seria uma pressão conjunta do Brasil … dos EUA, somada à pressão …lar, para que *"a estrutura … política interna"* seja …ca.
…pektor, em tom de sugestão, quem recorda que na *"última grave crise do chavismo"*, em 2003, Lula

comunidade internacional reconheça os direitos que cremos ter (e de fato poderíamos ter) de tomar assento nas grandes decisões mundiais? Fomos incapazes de agir, ficamos paralisados em nossa área de influência direta".

Interpretamos: com problemas na gestão interna na economia, Dilma não quer se arriscar na linha de frente, agindo discretamente. Pode ser um sinal de que a desaceleração econômica tenha aprisionado o governo nos problemas internos. Será que uma *"crise de não correspondência"* ou seja, uma potência que não consegue projetar seus inte…

RUDOLF NOUREEV

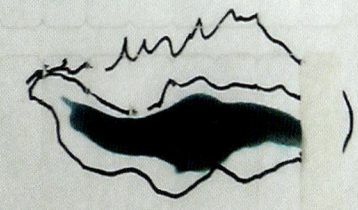

KAPTAL

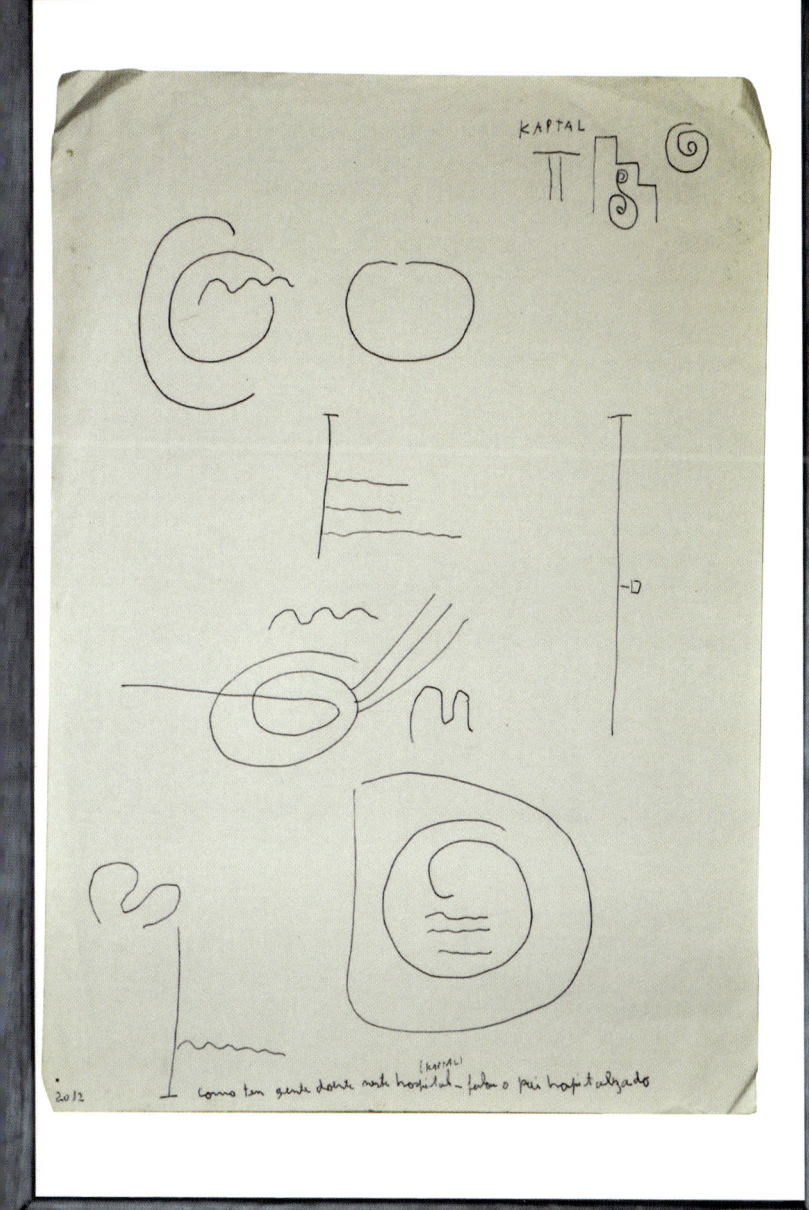

(KAPTAL)
2012 como ten gente doente neste hospital - falou o pai hospitalizado

O poeta não pode ter Dentes
 E ter 60
 Dente?
Doí ao poeta comer. Velho
            INFLAMADO
            O Poeta
Cada dia aparece ~~contem~~ CONDENAN
                    CON   DO SUL
                    seu passado TANDO

you øu<r †

em frangal

de Zen

com alho

ESPUMA

após SE bombear

lava

colocar no recipiente

O CALDO

Que é o cizа
Quem disse que os
a primeiro com a
Serão antes do
bravos e do negro
        generos
louras, rui, aos de
Cinza.

Principalmente em Paris.
Ñ são ligados aos franceses

queijo francês, com pão francês

O ESCANDALO DO PETROLEO e FERRO

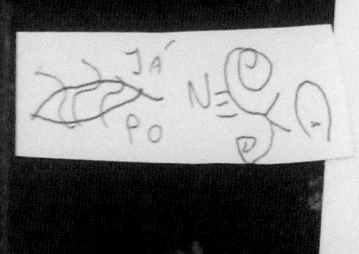

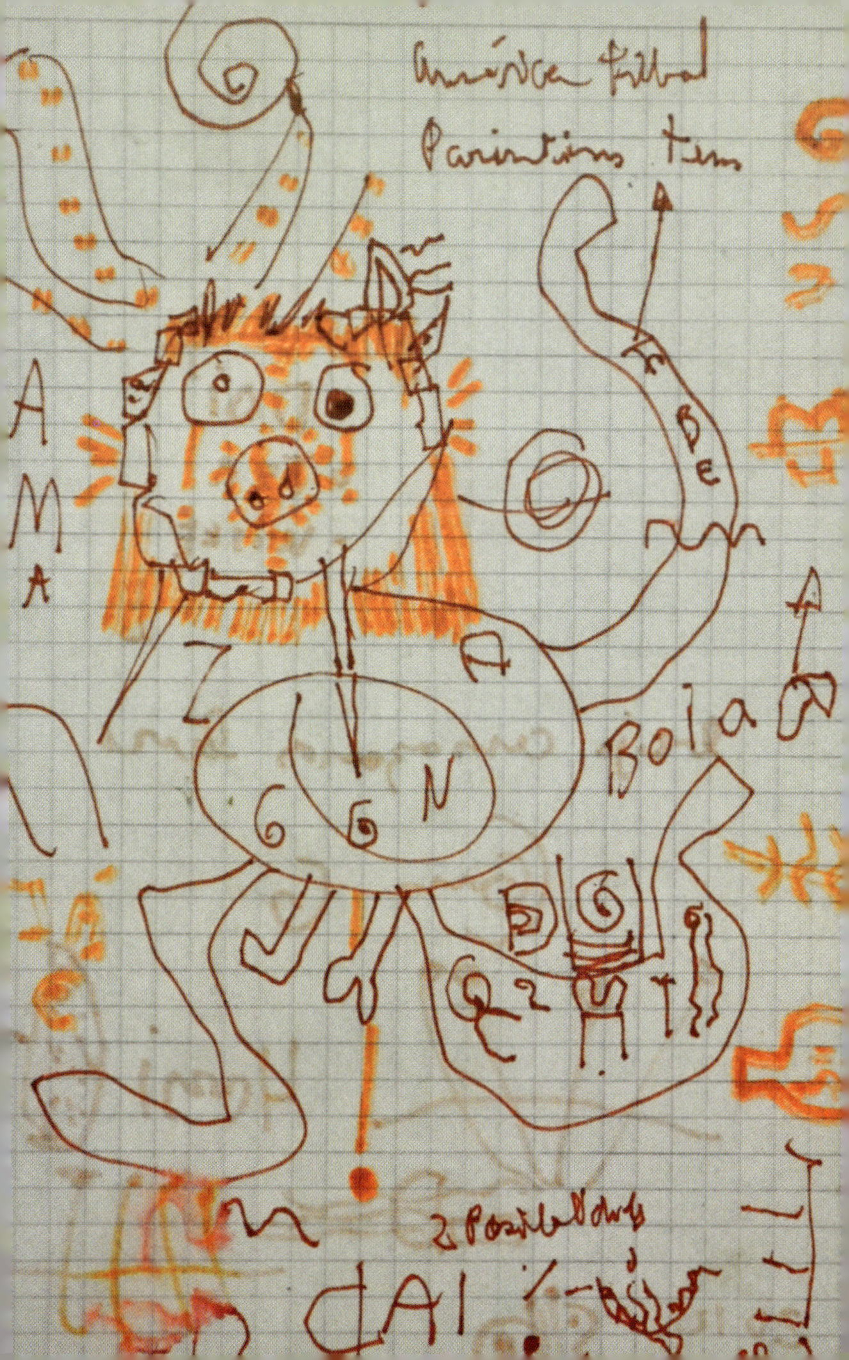
América futebol
Parintins tem
AMA
Bola

Sirnei. VeVè Donati e Ici Sànasa

vnes

e

d

-

e

127

Guilherme Zarvos, 1957, tem mais de 10 livros publicados, dentre eles *Morrer* (Azougue, 2002) e *Tintum* (Nonoar, 2012). Fundador do CEP 20.000, no momento ativa a Sede Campestre do CEP 20.000 em Maricá-do-Mato.

contato:
guilhermezarvos@uol.com.br

C.